Grundkurs
Ministranten

Guido Erbrich

Grundkurs Ministranten

Sakramente, Liturgie & Kirchenraum

benno

Bibliografische Information Der Deutschen Bibliothek

Die Deutsche Bibliothek verzeichnet diese Publikation
in der Deutschen Nationalbibliografie;
detaillierte bibliografische Informationen sind im Internet
über http://dnb.ddb.de abrufbar.

ISBN-10: 3-7462-2143-9
ISBN-13: 978-3-7462-2143-4

Stammerstraße 11, 04159 Leipzig
www.st-benno.de
Umschlag: Ulrike Vetter, Leipzig,
unter Verwendung eines Bildes von © Rupprecht (www.kathbild.at)
Gestaltung: Ulrike Vetter, Leipzig
Gesamtherstellung: Arnold & Domnick, Leipzig

Durch die Zeit

Die Geschichte der Ministranten mit einigen Überraschungen

Ministranten gibt es seit fast 2000 Jahren

Das Wort *Ministrant* hat die gleiche Herkunft wie das Wort *Minister*. Es stammt vom lateinischen Wort *ministrare* ab und bedeutet dienen.
Minister sollen dem Staat dienen, Ministranten dienen im Gottesdienst. Sie helfen dem Priester, übernehmen Aufgaben für die versammelte Gemeinde und sie dienen Gott, für und mit dem der Gottesdienst gefeiert wird.
Ministranten haben eine Geschichte hinter sich, die fast so alt ist wie die Kirche, also 2000 Jahre!

1. Überraschung:

Die ersten Messdiener sind schon im Neuen Testament zu finden.

Dort schreibt Paulus im Brief an die Korinther:
Wenn ihr zusammenkommt, trägt jeder etwas bei: einer einen Psalm, ein anderer eine Lehre, der dritte eine Offenbarung; einer redet in Zungen und ein anderer deutet es. Alles geschehe so, dass es aufbaut. (1 Kor 14,26b)
Eine schöne Idee! Jeder trägt zum Gottesdienst das bei, was er kann, und dient Gott auf diese Weise.
Getroffen haben sich die Gemeinden am Sonntag, und schon im zweiten und dritten Jahrhundert hatten sich verschiedene Dienste für den Gottesdienst entwickelt: Die Aufgaben waren dabei etwas anders verteilt als heute. Ein Bischof leitete die Liturgie des Gottesdienstes. Priester tauften die meist erwachsenen Gläubigen und sprachen gemeinsam mit dem Bischof das Hochgebet. Diakone verteilten geweihte Brote, die miteinander geteilt wurden. Dies hieß *Agape* und ist nicht mit der Kommunion mit geweihten Hostien zu verwechseln. Heute können wir die Agape als gemeinsames Mahl fast nur noch am Gründonnerstag erleben. Die Diakone salbten auch die Kranken. Lektoren lasen die biblischen Texte, was sie auch heute noch tun.
Und dann gab es die Altardiener, Akolythen wurden sie genannt. Sie brachten die Gaben zum Altar und halfen bei der Eucharistiefeier. Da hätte man sie eigentlich auch schon Ministranten nennen können.

2. Überraschung:

Die Germanen erfanden die Ministranten als »Berufsstand«.

Richtig wichtig wurden die Akolythen im 6. bis 8. Jahrhundert, und schuld daran sind die alten Germanen. Sie stellten sich die Frage: Wie werden wir errettet, oder anders gefragt: Wie gelangen wir in den Himmel?
Am sichersten war diese Rettung, so glaubten sie, durch die Mitfeier der heiligen Messe. Bisher hatten die Gemeinden sich nur Sonntags versammelt, nun fanden Gottesdienste auch an Werktagen statt. Das passierte in großen Kirchen sogar gleichzeitig an mehreren Altären. In alten Kirchen findet man aus diesem Grund auch heute noch viele Nebenaltäre.
Ab dem 8. Jahrhundert war es für Priester üblich, täglich Gottesdienst zu feiern. Oft standen sie allein am Altar, denn die meisten Gläubigen konnten nicht an so vielen Gottesdiensten mitten in der Woche teilnehmen. Also vertraten die Messdiener in der Feier das Volk. Im 9. Jahrhundert war die Anwesenheit eines Gemeindestellvertreters sogar vorgeschrieben!

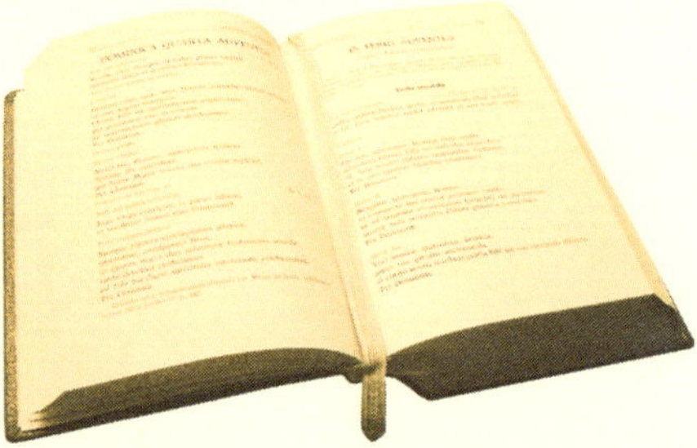

3. Überraschung:

Ministranten und Priester waren oft die Einzigen, die die Messe verstanden.

In dieser Zeit wurde noch mehr geändert. Die meisten Dienste, die es in der frühen Kirche gab, wurden abgeschafft. Was eigentlich schade war. Auch machte die lateinische Sprache den »Laien« im Gottesdienst das Mitbeten unmöglich. Nun beteten die Messdiener stellvertretend für die Gemeinde die lateinischen Antworten auf die Rufe des Priesters.
In vielen Kirchen passierte auch baulich eine Trennung. Der Chorraum, wo die Kleriker saßen, wurde Herrenkirche genannt. Die restliche Gemeinde saß in der sogenannten Leutekirche. Vorne feierten Priester und Messdiener die Messe. Hinten, oft sogar durch eine Chorschranke getrennt, betete die Gemeinde im Gottesdienst. Diese Trennung von Priestern und Laien im Gottesdienst führte dazu, dass die meisten Christen im Gottesdienst nur noch passiv beteiligt waren. Einzig die Altardiener blieben die aktiv Mitfeiernden.

4. Überraschung:

Ministranten waren Kleriker.

Für die Messdiener als Vertreter der Gemeinde im Altarraum gab es eine besondere Ausbildung. Die Jungen (Mädchen durften damals noch nicht ministrieren) wurden in Chorschulen aufgenommen und auf den Dienst in der Messe vorbereitet. Dort konnten sie Rechnen, Schreiben und Latein lernen und wurden in die Liturgie eingeführt.

Für viele dieser Chorknaben war der Weg, Priester zu werden, damit vorgezeichnet. Die Jungen wurden bereits als Kinder auf die Priesterweihe vorbereitet. Und so kam es, dass Ministranten schon früh in den Klerikerstand aufgenommen wurden. Priestermangel gab es keinen. Mädchen durften damals nicht ministrieren, weil der Dienst in der Messe der erste Schritt zum Priestertum war. Somit stellte sich die Frage nach Mädchen am Altar überhaupt nicht.

5. Überraschung:

Viele Jahrhunderte wusste die Kirche nicht, was Ministranten sind, die nicht Priester werden wollen.

Was war nun aber mit den Messdienern, die nicht Priester werden wollten? Eine spannende Frage, die jahrhundertelang nicht geklärt wurde. Das Konzil von Trient in der Mitte des 16. Jahrhunderts behandelte das Thema, ohne zu einem richtigen Ergebnis zu kommen. Sogar das Kirchenrecht drückte sich um eine Entscheidung und ließ diese Frage offen.

Im Jahr 1585 legte eine Synode in der französischen Stadt Aix fest, dass der Bischof eine schriftliche Erlaubnis geben musste, wenn ein Laie, also ein Nichtkleriker, am Altar ministrieren wollte.

So richtig geklärt war die Frage damit nicht. Denn in der Praxis gab es natürlich vielerorts Messdiener, die weder auf Domschulen gingen noch Kleriker werden wollten. Außerdem konnte man nicht einfach den Bischof anrufen und fragen. Also gab es diese Messdiener einfach, und höchstwahrscheinlich machten sie ihre Sache genauso gut oder schlecht wie die Ministranten heute.

Erst 1947 sprach Papst Pius XII. erstmals offiziell von Ministranten, die sich nicht im Klerikerstand befanden. Damit hat jeder Jugendliche und jedes Kind auch offiziell Zugang zu diesem außergewöhnlichen und schönen Dienst.

6. Überraschung:

Den Ministrantendienst, wie wir ihn heute kennen, gibt es noch gar nicht so lange.

Das Zweite Vatikanische Konzil, das von 1962 bis 1965 in Rom stattfand, änderte vieles im Gottesdienst, was uns heute normal vorkommt. Die Messe wird seitdem in der jeweiligen Landessprache gefeiert statt in Latein. Der Priester feiert nun zusammen mit der Gemeinde um den Altar herum, statt mit dem Rücken zum Volk zu stehen. Verschiedene Dienste und Rollen für die Gottesdienstfeier wurden wieder neu geschaffen. So wurde auch die Form des Ministrantendienstes neu festgelegt.

Ein Konzil ist eine große Versammlung von Bischöfen, Kardinälen, Theologen und dem Papst, die entscheiden kann, was in der Kirche gemacht wird. Konzilien finden ziemlich selten statt.

Dieses Konzil wurde von Papst Johannes XXIII. einberufen. Als ihn Kardinäle fragten, ob dies überhaupt nötig sei, öffnete er das Fenster und sagte: »Natürlich, um Luft hereinzulassen«. Denn auch die Kirche braucht ab und zu frischen Wind.

7. Überraschung:

Ministrantinnen eroberten sich eine »Jungendomäne«.

Seit ungefähr 1970 gibt es auch Ministrantinnen. Zuerst stritt man sich darüber, ob das für Mädchen überhaupt erlaubt sei, und in vielen Orten gab es lange Diskussionen darüber. Natürlich machten die Mädchen den Altardienst von Anfang an genauso gut wie die Jungen.
1992 stellte auch Papst Johannes Paul II. klar, dass Mädchen ministrieren dürfen. Bei ihm wie jetzt auch bei Papst Benedikt verrichten heute Mädchen und Frauen den Dienst mit am Altar. Nach über 1000 Jahren Trennung zwischen »Geistlichen und Laien« wird durch den Dienst von Mädchen und Jungen als Ministranten, Lektoren, Kantoren und Kommunionhelfern wieder klar: jeder feiert wirklich mit beim großen Fest des Herrn.

Der Patron

Über das Leben und Sterben des heiligen Tarcisius

Tarcisius im Lexikon

Tarcisius war Akolyth oder Diakon. Er lebte in Rom im 3. Jahrhundert. Der römische Bischof Damasus berichtet, dass er getötet wurde, als er sich weigerte, rumpöbelnden Römern das eucharistische Brot zu geben. Er sagt zwar nichts über die Todesart, aber der Vergleich mit dem Tod des heiligen Stephanus deutet darauf hin, dass Tarcisius gesteinigt wurde. Um das 7. Jahrhundert schrieb ein unbekannter Autor in einem Buch auch einige Sätze über Tarcisius.

Nach dieser Schrift wurde er als Akolyth am 15. August des Jahres 257 getötet. Das lässt sich heute natürlich nicht mehr kriminaltechnisch überprüfen. Ob Tarcisius während der Christenverfolgungen, die die Kaiser Decius und Valerian anstifteten, oder aufgrund eines hinterhältigen Überfalls getötet wurde, ist unbekannt. Auf jeden Fall ist er ein Märtyrer, also jemand, der seinen Glauben mit dem Leben bezahlte. Sein Grab befindet sich in der Calixtus-Katakombe in Rom. Dargestellt wird er als Diakon mit Palme, Steinen und Hostie. Weil Tarcisius im Dienst für seine Gemeinde starb, gilt er als Schutzpatron der Ministranten. Sein Gedenktag ist am 15. August.

Die Legende des heiligen Tarcisius

Tief in den römischen Katakomben feiert ein kleine Gemeinde Gottesdienst. In Rom können Christen nicht immer ihres Lebens sicher sein. So sind die Katakomben ziemlich unverdächtige Treffpunkte für die jungen Gemeinden.

Der alte Priester wendet sich an die Gläubigen: »Ich habe die schlimme Nachricht bekommen, dass viele unserer gefangenen Brüder und Schwestern morgen den wilden Tieren im kaiserlichen Zirkus vorgeworfen werden sollen. Sie sind schwer bewacht. Wir werden sie nicht befreien können. Damit ihnen die Kraft zu sterben nicht fehlt, sollen sie noch einmal das heilige Brot empfangen. Da ich aber den Wächtern bekannt bin, muss einer von euch es zu den Gefangenen tragen. Wer will das tun?«

Ohne zu zögern, heben viele die Hand. Da drängelt sich ein Zwölfjähriger nach vorn. Es ist Tarcisius. »Vater, lass mich das heilige Brot zu den Gefangenen bringen. Ich bin schnell, klein, und sie werden mich sicher ins Kolosseum lassen.« Eine Weile überlegt der Priester. Aber der Junge hat Recht. Bei einem Kind würden die Wächter arglos sein. Er legt ihm die Kette mit der silbernen Kapsel um den Hals. Tarcisius wird von allen gesegnet und schleicht leise aus der Katakombe ins nächtliche Rom.

Am nächsten Morgen steht er früh auf. Trotzdem ist es schon hell, als er durch die Straßen Roms geht. Plötzlich wird er am Arm gepackt.

»Heh, wo willst du hin?« ruft ihm ein Junge zu, »hier

ist unsere Straße.« – »Was willst du denn von mir?« – »Also entweder musst du Wegzoll zahlen oder mir sagen, wo du hinwillst. Sonst nehmen wir dich mit.«
»Ich kann jetzt nicht«, erwidert Tarcisius, »ich habe etwas Wichtiges zu tun.« – »So, was denn?«, fragt der Junge und pfeift. Auf einmal ist Tarcisius von fünf großen Jungen umringt, die ihn finster mustern. »Was hältst du da eigentlich unter deinem Rock fest? Heh? Darf man das vielleicht mal sehen?« – »Nein, lasst mich bitte gehen«, sagt Tarcisius fest. – »Los, ich will wissen, was du da hast. Her damit!« – Einer der Jungen versucht ihm die Hand wegzureißen. »Ich zeig' es euch nicht!«
Da fällt die Bande brüllend über ihn her. Verzweifelt wehrt sich Tarcisius. Wütend schlagen die Jungen auf ihn ein. Sie treten ihn mit Füßen und stoßen ihn zu Boden. Aber Tarcisius lässt nicht los. Da kommen Erwachsene die Straße entlang. »Wieso macht ihr früh am Morgen so einen Lärm?« »Der da hat was geklaut«, sagt einer der Jungs und grinst. »Gar nicht«, sagt Tarcisius und wischt sich Blut aus dem Gesicht. »Nun zeig mal, vielleicht hast du ja wirklich was gestohlen?«
Ein Mann versucht mit einem festen Griff Tarcisius' Hand zu öffnen. Als er die eigenartige Kapsel sieht, ruft er: »Das ist ein Christ, der seinen Gott bei sich hat!« – »Ein Christ! Ein Christ!«, schreien nun zehn, zwanzig Stimmen. »Los, her damit!« Tarcisius presst seine Hand fest zusammen. Zuerst schlägt der Mann zu. Dann prasseln von allen Seiten Schläge auf ihn nieder, treffen ihn an Kopf, Leib und Gliedern. Er stöhnt auf vor Schmerz. Aber seine Hand lässt nicht los. Als er auf dem Boden liegt, fliegt

der erste Stein. In diesem Augenblick kommt ein römischer Offizier vorbei. Mit wuchtigen Stößen macht er sich Platz. »Schämt ihr euch nicht, ein Kind zu überfallen?«, donnert er, »ihr wollt Römer sein?«
»Er ist ein Christ, der seinen Zauber bei sich trägt«, ruft einer der Umstehenden. »Was geht das euch an?«, fährt der Offizier ihn an, »wer ihn anrührt, bekommt es mit mir zu tun.« Vor dem Zorn des Soldaten verkriecht sich die wütende Meute. Einer nach dem anderen zieht verlegen seines Weges.
Der Offizier beugt sich zu Tarcisius herab. Er ist selbst Christ und kennt den Jungen aus den Katakomben. Da schlägt der Junge die Augen auf, schaut den Offizier an und spricht mühsam: »Ich habe ihnen das Brot nicht gegeben!« Behutsam trägt der Offizier den Jungen in ein Haus. Der Offizier hat inzwischen dem Jungen die Silberkapsel aus der Hand genommen.
Jetzt beugt er sich über ihn und sagt: «Hörst du mich, Tarcisius?« Der Junge nickt kaum noch. Der Offizier hat in den Kriegen viele Sterbende gesehen. Traurig sieht er, dass er nichts mehr machen kann. »Hast du noch einen Wunsch?« – »Gib mir vom heiligen Brot.« Da öffnet der Offizier die silberne Kapsel. Schwer geht sie auf, denn die Faust des Jungen hat sie fest zusammengedrückt. »Der Leib unseres Herrn Jesus Christus!« – »Amen.«, flüstert Tarcisius schwach. Der Offizier reicht ihm das Brot. Kurz darauf stirbt Tarcisius.

In Aktion
Ministranten
im Gottesdienst

Darum geht's! Der Sonntagsgottesdienst mit Eucharistiefeier ist die Hauptsache. Dafür gibt es die Ministranten; hier ist ihr zuhause. Alles andere ist Zugabe. Grund genug, sich diesen Gottesdienst genauer anzusehen. Das Schöne ist: Er wird weltweit in der gleichen Weise gefeiert. Der Ablauf ist bis auf ein paar Kleinigkeiten auf allen Kontinenten gleich. Auch der Dienst der Ministranten ist international ähnlich, wenn auch die Kleiderordnung mitunter Unterschiede aufweist. Für den Gottesdienst gibt es einen Fahrplan. Denn wie bei einem richtigen Zug sind Gottesdienste Stationen auf dem Weg durch das Leben und durch die Welt. Egal, ob ein Gottesdienst mit zehn Leuten in einer kleinen Dorfkirche oder mit Hunderttausenden auf dem Petersplatz stattfindet, überall ist Gott in der gleichen Weise gegenwärtig. Und genauso ist das Ministrieren nicht besser oder wichtiger, wenn ein Bischof oder gar der Papst zu Gast ist, als zum »normalen« Sonntag. Das wissen der Papst und die Bischöfe auch, und so feiern sie die heilige Messe eigentlich nicht viel anders als jeder einfache Dorfpfarrer.

Fahrplan heilige Messe

Im Gottesdienst gibt es viele Akteure: Pfarrer, Lektor, Ministranten. Die eigentlichen Hauptrollen hat jeder, der am Gottesdienst teilnimmt. Denn es geht um jeden Einzelnen in der Welt. Damit bin ich selbst der Ausgangpunkt für jeden Gottesdienst und feiere ihn mit vielen anderen, die alle auch eine Hauptrolle haben.
Ministranten stehen stellvertretend für die ganze Gemeinde am Altar und helfen bei der Liturgie. Sie haben weltweit fast überall das Gleiche zu tun. Oft gibt es örtliche Besonderheiten: zum Beispiel wie das Buch zu halten ist, wie oft geklingelt wird und wann und wo die Ministranten wie lange knien. Wenn ihr also hier etwas beschrieben findet, was bei euch anders gemacht wird, muss es nicht heißen, dass das falsch ist. Es zeigt, wie vielfältig und bunt unsere Gottesdienste sein können.

Vor dem Beginn

Für den Ministranten beginnt der Gottesdienst meist mit der Vorbereitung in der Sakristei. Dinge zurechtlegen, umziehen, kämmen, Liederbuch in die Hand nehmen.
An vielen Orten wird kurz vor Messbeginn ein kurzes Gebet gesprochen, dann beginnt der Priester: »Unsere Hilfe ist im Namen des Herrn«, und alle anderen antworten: »Der Himmel und Erde geschaffen hat.« Dieser kurze Beginn macht deutlich, was Priester, Lektoren, Musiker und Ministranten im Gottesdienst tun: Sie helfen Gott, zu uns zu kommen – sie sind es nicht selber, die im Mittelpunkt stehen. Für das, was Gott mit uns Menschen vorhat, braucht er Menschen: Und Ministranten gehören dazu.

Kurze Gebete für die Sakristei

Vater, wir möchten
diesen Gottesdienst mit Dir feiern.
Wir bringen mit, was wir erlebt haben,
Schönes und Gutes,
aber auch Schlechtes und Unfertiges.
Wir haben Menschen getroffen,
Nachrichten gehört.
Deine Welt ist nicht nur schön.
Das alles wollen wir mit
in den Gottesdienst nehmen,
sei Du bei uns und lass uns bei Dir sein.
Amen.

Vater, gleich feiern wir die heilige Messe.
Schenke uns Ruhe, damit wir zu Dir finden.
Gib uns die Offenheit, Deine Stimme zu hören.
Öffne uns füreinander und für Dich.
Schicke uns dann gestärkt in die Welt,
die Deine Schöpfung ist
und die wir mit Deiner Hilfe
verwandeln können.
Amen.

1. Teil: Es geht los

ICH KOMME, WIE ICH BIN, ZU DIR

Eröffnung/Kyrie/Schuldbekenntnis/Vergebung
Zu mir gehören meine Launen, Stärken, Schwächen und auch meine Schuld. Das alles bringe ich zum Gottesdienst mit. Ich weiß, dass ich versagt habe, und ich weiß, dass mir auch einiges gelungen ist. So bitte ich, dass Gott und die Gemeinde mir dort verzeihen, wo ich schuldig geworden bin. Als Teil der Gemeinde höre ich natürlich auch die Vergebungsbitte der anderen. Hier ist es gut, einen Schlussstrich unter manchen Streit zu setzen. Gott nimmt uns an, wie wir sind, und vergibt uns.

Tipp: Das Messbuch.

Wenn der Priester sagt: »Lasset uns beten« und der Ministrant geht dann erst zum Messbuch, hätte er auch »Lasset uns blättern« sagen können. Besser ist es, kurz vorher loszugehen und das Buch schon in der Hand zu halten. Wenn es dann heißt: »Lasset uns beten«, die paar Schritte zum Priester und los geht's. Geblättert ist dann schon.

Was hat der Ministrant dabei zu tun:
Einzug – Kniebeuge – Tagesgebet (Buch)

Los geht's. In Kirchen, wo neben der Sakristei eine kleine Glocke hängt, wird damit kurz der Gottesdienst eingeläutet – da weiß der Organist, dass er anfangen muss, das erste Lied zu spielen. Die Gemeinde steht zur Begrüßung auf und singt mit.
Sind die Einziehenden, meist Priester, Lektoren, Ministranten, am Altar angekommen, machen alle gemeinsam eine Kniebeuge, der Priester küsst den Altar, und alle begeben sich an ihre Plätze. Manchmal wird an dieser Stelle Weihrauch gebraucht. Erst zum Tagesgebet ist der Ministrant wieder dran, das Messbuch zu holen und dem Priester zu halten, wenn er das Tagesgebet spricht. Das Tagesgebet kommt normalerweise nach dem Glorialied, außer im Advent und in der Fastenzeit – da wird kein Gloria gesungen, und das Tagesgebet kommt gleich nach der Schuldvergebung.

2. Teil: Die Geschichte Gottes mit uns Menschen wird erzählt

WIR HÖREN DEIN WORT UND ANTWORTEN DIR

Lesung/ Psalm/ Lesung/ Halleluja/ Evangelium/ Predigt/ Credo/ Fürbitten

Gott spricht zu uns in den Geschichten der Bibel. Unser Leben ist besser zu verstehen, wenn wir die Geschichten anderer Menschen hören. In der Bibel finden sich Geschichten von Liebe und Leid, Frieden und Krieg, Gemeinschaft und Einsamkeit. Wir Menschen suchen und finden Gott, und auch Gott sucht uns Menschen. Auch wenn wir heute »moderner« leben, die großen Fragen und Gefühle sind die gleichen geblieben. Das Wort Gottes erzählt also auch unsere Geschichte und die Geschichte unserer Welt. In der Predigt wird dieses Wort ausgelegt und für heute erklärt. Im Glaubensbekenntnis bekennen wir unseren Glauben und bitten in den Fürbitten für die Anliegen dieser Welt. Das Credo und das vertrauende Bitten ist unsere Antwort auf Gottes Wort.

Im Wortgottesdienst haben die Ministranten meist nichts zu tun. An manchen Orten werden zum Evangelium Kerzen gehalten, und bei besonderen Gottesdiensten wird mit Weihrauch das Evangeliar feierlich beschwenkt.

Tipp: *Credo* heißt *Ich glaube.*

Das Credo wird ziemlich oft gebetet. Es gehört zu den wenigen Gebeten, die fast jeder Christ auswendig kann. *Credo* ist Latein und heißt übersetzt: *Ich glaube.* Streng genommen ist das Credo gar kein Gebet, sondern ein Bekenntnis. Darin findest du die wichtigsten Aussagen des katholischen Glaubens zusammengefasst. *Katholisch* ist ein griechisches Wort und heißt übersetzt *allgemein, allumfassend*. Das Wort *katholisch* im Credo meint nicht die römisch-katholische Konfession, sondern die allumfassende Kirche Christi. Es wird *Credo* genannt, weil es auf Latein mit diesem Wort beginnt.

3. Teil: Wie Jesus uns allen Kraft gibt

WIR WERDEN GESTÄRKT

Eucharistiefeier: Gabenbereitung, Hochgebet, Vaterunser, Friedensgruß, Lamm Gottes, Kommunion
Hier passiert das Entscheidende, Gott kommt zu uns: still, geheimnisvoll und unaufdringlich.
Wir erinnern uns an das Mahl vor Jesu Tod, wir danken und loben Gott und bitten für die Verstorbenen, die Kirche und die Welt. Uns allen wünschen wir den Frieden.
Dieses Mahl ist Zeichen und Geheimnis zugleich, Gott kommt in Brot und Wein zu uns. Das feiern wir mit der ganzen Gemeinde.

Tipp: Das Klingeln – Ohren auf!

Das Klingeln kommt aus einer Zeit, in der der Gottesdienst noch in Latein gefeiert wurde. Damit die Gemeinde, die oft kein Latein konnte, überhaupt merkte, dass das Entscheidende – die Wandlung – passiert, wurde geläutet. Auch heute, wo jeder den Gottesdienst verstehen kann, gibt es noch diesen schönen Brauch. Klingeln ist ein besonderer Ton im Kirchenraum. Stelle bitte die Klingel nicht ab, wenn sie noch klingt, sondern warte, bis der letzte Ton wirklich verklungen ist. Meist vermeint man ihn viel länger zu hören, als er wirklich da ist. Der langsam verschwindende Ton ist ein schönes Zeichen für die Gegenwart und Verborgenheit Gottes.

Was haben die Ministranten zu tun?

Gabengang, Gabenbereitung, Klingeln, Altar abräumen, für die Ministranten gibt es jetzt viel zu tun. Zuerst müssen die Gaben geholt werden, dann wird der Altar gedeckt, der Priester nimmt die Gaben und bereitet sie vor. Dazu benötigt er Wein und Wasser. Zum Abschluss wäscht er sich die Hände.
Beim Hochgebet wird geklingelt. Dieser Brauch kommt noch aus der Zeit, als die Messe in lateinischer Sprache gehalten wurde und viele Leute nebenbei etwas anderes beteten. Es sollte klar sein, jetzt passiert das Entscheidende: die Wandlung von Brot und Wein in Fleisch und Blut Christi.
In vielen Gemeinden bekommen die Ministranten als Vertreter der Gemeinde am Altar als Erstes die Kommunion. Das ist schon etwas Besonderes!
Nach der Kommunion werden Kelch und Hostienschale gereinigt (purifiziert) und der Altar abgeräumt. Zum Dankgebet benötigt der Priester wieder das Messbuch.

Tipp: Wenn dir schlecht wird

Manchmal wird Ministranten vom langen Knien oder Stehen schlecht. Das passiert oft beim Hochgebet. Du musst dich hier nicht quälen. Stehe einfach auf und gehe andächtig zur Sakristei und setzt dich erst einmal hin. Oder gehe an die frische Luft. Wenn ihr mehrere Minis seid, geht zu zweit. Wenn es dir wieder besser geht, komme ruhig wieder herein, mache eine Kniebeuge vor dem Altar und begib dich an deinen Platz.

4. Teil: Gestärkt geht es weiter

WIR GEHEN HINAUS IN ALLE WELT

Vermeldungen – Segen – Schluss
Wir hören, was in unserer Gemeinde los sein wird und werden für die kommende Zeit gesegnet. Gott hat uns gestärkt, und mit dieser Kraft gehen wir hinaus in unseren Alltag.

Mancherorts reichen Ministranten das Buch mit den Vermeldungen. Dann wird aus der Kirche ausgezogen, wieder mit Kniebeuge vor dem Altar und dann zurück in die Sakristei. In manchen Orten schließen die Priester und Ministranten in der Sakristei mit einem kurzen Gebet. Das ist ein schöner Brauch, aber auch dort, wo es ihn nicht gibt, geht der Dienst in anderer Form weiter. Denn wir gehen hinaus in die Welt und müssen als Christen im Alltag Farbe bekennen.

Die Kirche

Der Ort, wo Gottesdienste gefeiert werden

Gottesdienste können überall gefeiert werden, denn auch Gott ist an jedem Ort der Welt zu finden. Trotzdem gibt es besondere Orte, an denen die Menschen immer wieder zusammenkommen, um zu beten und zu feiern. Für Christen ist dies meist die Kirche. Grund genug, diesen Ort einmal genau unter die Lupe zu nehmen.

ALTAR

Der Altar ist der zentrale Ort einer Kirche. Um ihn versammelt sich die Gemeinde, um Gottesdienst zu feiern. Er wird mit Blumen und Kerzen geschmückt. In vielen Altären finden sich Reliquien von Heiligen.

TABERNAKEL

Tabernakel kommt aus dem Lateinischen und heißt *Zelt*. Seinen Namen hat er nach dem heiligen Zelt der Israeliten bekommen. Dort wurden die Gesetzestafeln aufbewahrt. In unseren Kirchen wird das Allerheiligste, der »Leib Christi«, darin aufbewahrt. In Kirchen ist der Tabernakel aus massivem Material und mit einem Schlüssel verschließbar.

GABENTISCHCHEN

Hier werden die Hostien eingelegt. Oft steht hier alles, was zur Gabenbereitung nach vorn gebracht wird. Häufig machen das die Ministranten; es gibt aber auch den Brauch, dass die Kinder die Gaben nach vorne bringen.

BEISTELLTISCHCHEN AM ALTAR

Darauf wird für den Gottesdienst alles bereitgestellt, auch die Dinge, die nichts auf dem Altar zu suchen haben oder dort nur kurz gebraucht werden, stehen hier. Es wird auch Kredenz genannt.

AMBO UND EVANGELIAR

Der Ambo ist der Ort, von dem aus die Heilige Schrift vorgelesen wird, manchmal auch die Predigt und die Fürbitten. Das Evangeliar hat darauf Platz. Darin stehen die Evangelien, die nach einer bestimmten Leseordnung im Jahr vorgelesen werden.

KREUZ

Das Kreuz erinnert daran, dass Jesus für uns gestorben und auferstanden ist, und hängt meist zentral im Altarraum. Das Kreuz hatten die frühen Christen noch nicht. Sie kannten diese furchtbare Todesstrafe noch aus eigener Anschauung, und so zeigten sie oft das Bild vom guten Hirten. Künstler gestalten bis heute Kreuze in vielfältiger Weise. So können sie genauso Tod und Leid wie auch Sieg und Überwindung des Todes ausdrücken.

EWIGES LICHT

Das ewige Licht ist immer in der Nähe des Tabernakels zu finden. Jesus, »das Licht der Welt«, ist in den konsekrierten Hostien gegenwärtig. Das Licht brennt fast das ganze Jahr hindurch. Nur in der Karwoche, genauer von Gründonnerstag bis zur Osternacht, wird es gelöscht. Im Unterschied zur Gegenwart Gottes, die wirklich ewig ist, muss am ewigen Licht auch mal die Glühbirne gewechselt werden.

TAUFBECKEN UND WEIHWASSERBECKEN

Taufbecken stehen nicht in jeder Kirche. In vielen Kirchen werden Taufschüsseln benutzt, die für die Taufe aus der Sakristei geholt werden. Darin befindet sich geweihtes Wasser, mit dem getauft wird. Vielerorts werden die Becken vor jeder Taufe frisch gefüllt. In der Osternacht wird das Wasser gesegnet. Die Weihwasserbecken an den Eingängen der Kirche sollen uns immer wieder an unsere eigene Taufe erinnern.

OSTERKERZE

Sie brennt an allen Sonntagen und Feiertagen sowie zu Taufen und bei Trauungen. In der Osternacht wird die Kerze am Osterfeuer entzündet und im Taufwasser geweiht. Meist ist sie mit einem Kreuz, der Jahreszahl, Alpha und Omega, den Zeichen für Anfang und Ende, verziert.

MINISTRANTENGLOCKE

Fast überall stehen die Glocken an den Altarstufen. In manchen Kirchen gibt es dafür einen Gong. Sie stammen aus der Zeit, in der viele Christen die lateinische Messe nur wenig verstanden und wissen sollten, wann der wichtigste Moment der Messe, die Wandlung, stattfindet. Heute wird ebenfalls zur Wandlung geläutet.

SAKRISTEI

Hier können sich Priester, Lektoren und Ministranten auf den Gottesdienst vorbereiten und umziehen. Hier stehen auch die Schränke für Gewänder und wichtige Dinge für die Gottesdienste. Es lohnt sich, den Inhalt der Schränke zu kennen. Wenn im Gottesdienst etwas vergessen wird, werden meist Ministranten in die Sakristei geschickt, es dort zu holen.

ORGEL UND INSTRUMENTE

Musik gehört zum Gottesdienst wie das Amen in die Kirche. Damit die Gemeinde beim Singen den richtigen Ton trifft und alles gut klingt, werden Instrumente benutzt. Traditionell ist das die Orgel, aber auch alle anderen Instrumente haben im Gottesdienst ihren Platz.

KIRCHENBÄNKE

Neben dem Platz zum Sitzen gehören dazu meist eine Ablagemöglichkeit für Bücher, ein Haken für Taschen und die Kniebank.

EINGANGSGLOCKE

Sie hängt an den meisten Sakristeitüren. Wenn der Gottesdienst beginnt, ist das Läuten der Glocke für die Gemeinde und Organisten das Zeichen: Jetzt geht es los.

War das schon alles?
Natürlich nicht, das war gerade mal das Wichtigste. In der Kirche gibt es noch viel mehr Orte und Dinge: Weihwasserbecken, Heiligenfiguren, Kreuzweg, Beichtstuhl und und und ...
Es lohnt sich, hier immer mal wieder auf Entdeckungstour zu gehen, denn die meisten Orte haben viel zu erzählen.

Gemeinsam um den Altar

Wer noch beim Gottesdienst dabei ist

GEMEINDE

Beim Gottesdienst kommen viele Menschen zusammen. Kleine, Große, Alte, Junge. Manche freuen sich, wenn mal eine Band spielt und geklatscht wird, andere mögen es lieber etwas ruhiger. So bunt wie die Gemeinde sollten auch die Gottesdienste sein. Jede Generation hat das Recht, im Gottesdienst »zum Zug zu kommen«, weil die Freude am Glauben dazugehört, denn wir feiern Eucharistie, und das heißt »Dank sagen«. Wenn sich jemand bei dir bedankt und bloß ein paar lustlose Worte sagt, ist das etwas anderes, als wenn einer dir begeistert um den Hals fällt. Im Gottesdienst dürfen wir ruhig auch Gefühle zeigen. Denn die Liebe, die Gott ist, ist keine langweilige Sache, sondern der Ursprung des Lebens selbst. Es gibt niemanden, nicht mal den Papst in Rom, der den Gottesdienst am besten und am richtigsten feiert. Es ist immer Jesus, der in unsere Mitte kommt. Er nimmt uns an, so wie wir sind. Da sollten wir so ehrlich sein, mit ihm auch so zu feiern, wie es uns gefällt. Die Gemeinde sind alle, die sich mit Jesus in der Mitte versammeln; ohne sie gibt es keinen Gottesdienst.

ZELEBRANTEN (PRIESTER, PFARRER, VIKAR, KAPLAN, BISCHOF, PATER)

Der Zelebrant im römisch-katholischen Gottesdienst ist immer ein Mann, der zum Diakon oder zum Priester geweiht ist. Ein Diakon leitet zwar keine ganze Eucharistiefeier – das bleibt den Priestern vorbehalten – aber auch er kann im Gottesdienst vieles tun. Diakone können verheiratet sein, Priester sind es nicht. Wobei es hier Ausnahmen gibt. Priester der unierten Kirche, zum Beispiel in der Slowakei und der Ukraine, die auch zur katholischen Kirche gehören, dürfen heiraten. Es gibt auch manche evangelische Pastoren, die katholisch geworden sind und natürlich verheiratet bleiben. Über den Zölibat (die Verpflichtung der Priester zur Ehelosigkeit) und die Rolle von Frauen wird immer mal wieder diskutiert, und solche Diskussionen machen unsere Kirche auch lebendig.
Als Ministranten werdet ihr das sicher mitbekommen.
So wichtig manchmal so ein Streit ist, die Mitte unseres Glaubens steht dabei nicht auf dem Spiel.

Was ist eigentlich der Unterschied zwischen Priester, Pfarrer, Kaplan, Vikar, Pater, Bischof, Papst?

Zuerst die Gemeinsamkeit: Priester sind sie alle. Und zwar durch die Priesterweihe, die ein Sakrament ist. Der Pfarrer ist der Herr der Pfarrei, also der Gemeindeleiter. Kaplan und Vikar sind Priester, die zwar viel in der Gemeinde tun können, aber – hier kommt der Unterschied – sie haben nicht den Hut auf. Sie unterstützen den Pfarrer. Ein Pater ist ein Geistlicher aus einem Orden, der auch die Priesterweihe hat. Es kann sein, dass ein Pater gleichzeitig Pfarrer ist. Bischof und Papst sind auch »bloß« Priester, aber sie haben wichtige Funktionen für die Kirche. Sie stehen Bistümern oder sogar der Weltkirche vor, können Priester weihen und haben die Autorität in Glaubensdingen. Manchmal müssen sie einen Streit entscheiden und heißen deswegen auch das »Lehramt«. Bischöfe und Papst sind also verantwortlich für die richtige Lehre und Weitergabe des Glaubens. Und das ist manchmal gar nicht so leicht.

Dienste für Frauen und Männer

Alle anderen Dienste im Gottesdienst können von Frauen und Männern verrichtet werden. Der Hauptgrund dafür, dass das Priesteramt in der römisch-katholischen Kirche Männern vorbehalten ist, liegt darin, dass der Priester in der Feier der Eucharistie (und nur da!) Jesus repräsentiert. Und Jesus war ein Mann. Für alle anderen Ämter und Funktionen gilt dies nicht, auch wenn es in manchen Gegenden der Welt unüblich oder neu ist, dass Frauen diese Dienste übernehmen. Es gibt keine theologischen Gründe, die dies verbieten.

LEKTOR / KOMMUNIONHELFER

Frauen und Männer, die die Lesungen und die Fürbitten vorlesen, werden Lektoren genannt. Kommunionhelfer, das sagt schon der Name, teilen die Kommunion mit aus.

KANTOR / ORGANIST

Zu fast jedem Gottesdienst gehört die Musik, und ein wichtiger Dienst ist die musikalische Leitung und Begleitung. In der Bibel findet sich kein Hinweis darauf, dass das einzig richtige Instrument für den Gottesdienst die Orgel sei. Ihre Karriere begann sie als Zirkusinstrument bei den Römern. Erst als der Frankenkönig Pippin im

Jahr 757 vom byzantinischen Kaiser Konstantinos eine Orgel geschenkt bekam, begann sie, sich die Kirchen zu erobern. Die Orgel ist zwar die Königin der Instrumente, aber im Gottesdienst haben auch andere Instrumente ihren Platz. Viele Kantoren sind Multitalente, was die Bedienung von Instrumenten und das Leiten von Chören und Bands betrifft. »Wer singt, betet doppelt«, sagte schon der heilige Augustinus, und oft ist es die Musik, über die Menschen ihren Glauben ausdrücken können. Das kann und darf genauso bunt sein wie die Gemeinde, die sich versammelt.

KÜSTER, MESSNER, SAKRISTAN

Es gibt verschiedene Namen für die gleichen Tätigkeiten in Sakristei und Kirche. Die Küster bereiten den Gottesdienst vor, legen die Gewänder und Bücher zurecht, haben den Durchblick in der Sakristei und sind oft für Ministranten zuständig. In großen Kirchen und Domen können das Vollzeitjobs sein. In den meisten Gemeinden wird diese wichtige Aufgabe ehrenamtlich erfüllt. Viele haben ihre ersten Schritte in der Sakristei als Ministranten gemacht.

Die Sakristei

Hier hat alles seinen Platz

Kleiderschrank – die Gewänder

Warum eigentlich Gewänder? – Ist Jesus so angezogen gewesen? Es ist eine weit verbreitete Meinung, dass die Gottesdienstkleidung angezogen wird, weil auch Jesus und seine Jünger in solcher Kleidung aufgetreten sind. So schön dies klingt – es ist leider falsch.
Die Gottesdienstkleidung stammt aus der Zeit, als das Christentum im Römischen Reich nicht mehr verfolgt wurde, sondern zur Staatsreligion wurde. Das ist zwar auch schon über 1650 Jahre her, hat aber mit der Bekleidung der Juden in Israel zur Zeit Jesu recht wenig zu tun. Für die Beamten im Römischen Reich gab es eine festgelegte Kleiderordnung, an die sich sogar der Kaiser halten musste. Die Priester und Bischöfe waren ab dieser Zeit römische Beamte, die sich ebenso nach dieser Regel richteten. Außerdem repräsentiert der Priester am Altar den höchsten Herrn: Christus. Und da war es klar, dass dies nur in den besten Gewändern geschehen konnte.

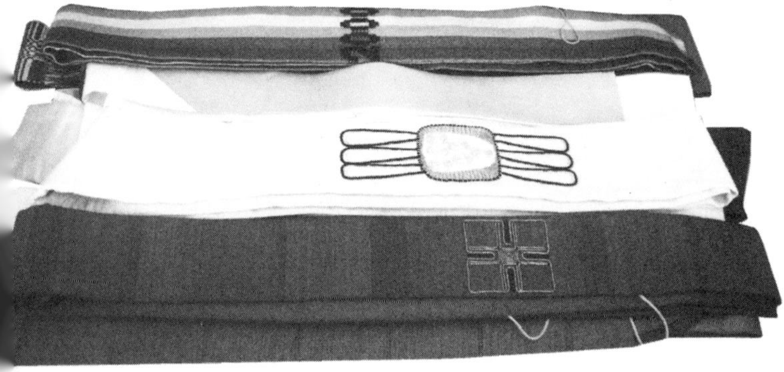

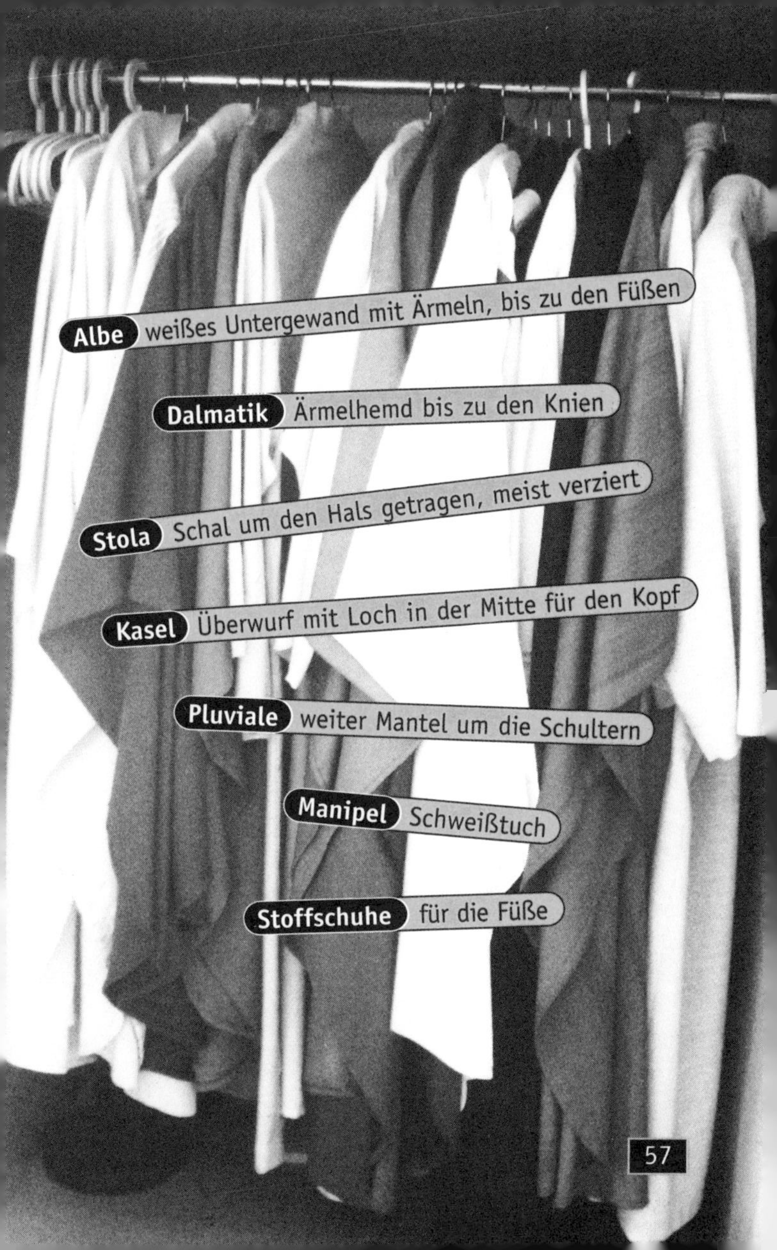
Albe weißes Untergewand mit Ärmeln, bis zu den Füßen
Dalmatik Ärmelhemd bis zu den Knien
Stola Schal um den Hals getragen, meist verziert
Kasel Überwurf mit Loch in der Mitte für den Kopf
Pluviale weiter Mantel um die Schultern
Manipel Schweißtuch
Stoffschuhe für die Füße

Natürlich wurde und wird nicht immer alles getragen. Ein Bischof hatte es lange »am schwersten«. Er musste eigentlich alle Gewänder anhaben. Das war so, weil er ja Diakon, Priester und Bischof in seiner Kleidung repräsentieren musste. Dazu kam dann noch die Mitra, der zusammenklappbare Bischofshut. Auf alten Bildern ist das oft auch noch zu sehen. Die Priester brauchten nur Albe, Stola und Kasel. Diakone trugen nur Albe, Stola und Dalmatik. Daran hat sich bis heute wenig geändert, nur die Bischöfe haben die Menge ihrer Gewänder und Kleidungsstücke stark reduziert, was gut zu verstehen ist.

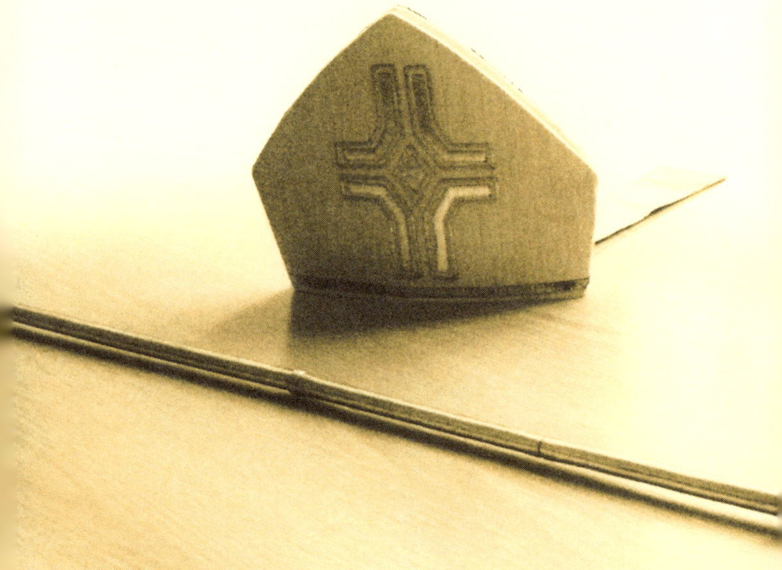

MINISTRANTENKLEIDER SIND 1000 JAHRE JÜNGER!

Lange Zeit trugen Priester in unseren Breiten tagsüber ein langes schwarzes Gewand: den Talar (lat., talaris = knöchellang). In manchen Gegenden der Welt ist er heute noch üblich. Etwas Besonderes war das nicht. Der Talar war für Kleriker die Alltagskleidung! Gingen sie dann zum Beten in die Kirche, zogen sie sich nicht komplett um, sondern zogen über ihren Talar einfach eine weiße abgeschnittene Albe. Das hieß dann »Chorrock«. Daraus entstand die Ministrantenkleidung. Meist täuscht sie trickreich einen ganzen Talar vor, besteht aber aus Rock und einem bunten Kragen. Hängt der Chorrock darüber, sieht es von außen aus wie ein ganzer Talar.
Populär ist heute auch eine andere Kleidungsform für Ministranten: ein helles Gewand, das wie eine Albe angezogen wird und einen farbigen Strick als Gürtel bekommt.

Bibliothek – die Bücher

Zu jedem Gottesdienst werden Bücher gebraucht, und zwar mindestens zwei: Missale und Lektionar. Im Missale, dem Messbuch, stehen alle wichtigen Texte und Gebete, die im Gottesdienst gesprochen werden. Im Lektionar, dem Lesungsbuch, finden sich alle Schriftlesungstexte aus der Bibel.
Aber es gibt noch eine Reihe weiterer Bücher. Es ist gut zu wissen, wo sie in der Sakristei ihren Platz haben. Sie gehören zu den Dingen, die ganz gerne mal in der Sakristei vergessen werden. Da sind dann Minis schnell Retter in letzter Sekunde, wenn sie den Durchblick haben.

EVANGELIAR – EVANGELIENBUCH

Das ist ein großes, schweres und reich gestaltetes Buch. Es wird zum Einzug feierlich mit in die Kirche gebracht und dabei meist nach oben gehalten. Daraus wird dann das Evangelium vorgelesen. Manchmal stehen dann Ministranten mit Leuchtern daneben, und vorher wird es mit Weihrauch inzestiert. Am Ende wird es wieder mit in die Sakristei genommen.

LEKTIONAR – LESUNGSBUCH

Lektionare gibt es viele: bloß gut, dass da die Lektoren den Durchblick behalten müssen und nicht die Ministranten. Drei rote Lektionare gibt es für die Sonntage, drei grüne für die Wochentage und noch einige andere für verschiedene Anlässe. Aus ihnen werden die Lesungen gelesen, die nach Lesejahren (A, B und C) geordnet sind. Auch die Evangelien stehen hier drinnen. Daher gibt es nicht in jeder Gemeinde ein Evangeliar. Oft werden alle Lesungen gleich aus dem Lektionar gelesen.

MISSALE – DAS MESSBUCH

Das Messbuch ist dick und hat viele bunte Bändchen und Einmerker, die alle eine bestimmte Funktion haben. In den meisten Pfarreien kümmert sich der Küster oder der Priester selber darum. Trotzdem ist es gut, einiges darüber zu wissen. Im Messbuch findet der Priester die Gebete für den Gottesdienst (Tagesgebet, Gabengebet, Hochgebet, Abschlussgebet). Für die normalen Tage ist es meist blau, an Feiertagen ist es rot eingebunden. Zu manchen Gebeten (meist Tagesgebet) wird es vom Ministranten gehalten, manchmal liegt es aber auch auf dem Altar (Hochgebet und Dankgebet). Die Geheimnisse der Buchhalteordnung sind von Gemeinde zu Gemeinde verschieden. Die Oberministranten wissen sicher, wie es in deiner Gemeinde üblich ist.

FÜRBITTBUCH

Es gibt sehr verschiedene Fürbittbücher. In manchen Gemeinden sind sie nicht gebräuchlich, weil die Fürbitten selbst formuliert werden. Fast immer bekommt sie ein Lektor oder spezieller Fürbittleser in die Hand. Sie gehören zu der Kategorie Bücher, die gern mal in der Sakristei vergessen werden, es ist also ganz gut, wenn du weißt, wie sie aussehen.

GESANGBUCH

Ein Muss für die Ministranten, denn Mitsingen ist für alle Minis selbstverständlich. Außerdem sind darin Gottesdienstabläufe zu finden, gerade für besondere Gottesdienste eine Möglichkeit, mal schnell nachzublättern, damit nichts vergessen wird.

WEITERE BÜCHER

Die gibt es zum Beispiel für Taufe, Trauungen, Beerdigungen und Segnungen. Du kannst dich darauf verlassen, dass sich Zelebrant und Küster darum kümmern. Manchmal musst du sie halten.

Werkzeugkiste – die Geräte

ALTARTÜCHER UND KORPORALE

Der Altar ist nicht einfach ein Tisch, auf dem der Priester etwas abstellen kann. Nein, der Altar symbolisiert Christus. In vergangenen Zeiten gab es den Brauch, ihn richtig anzuziehen. So wurde er mit drei Leinentüchern bedeckt, von denen eines an die Windel im Stall zu Betlehem erinnerte und die beiden anderen an die Tücher, in denen Jesus begraben war. Heute gibt es diesen Brauch kaum noch, und es wird nur ein Altartuch als festliches Tischtuch genommen.

Auf das Altartuch legt der Priester bei der Gabenbereitung ein kleineres Tuch, das Korporale. Aus dem Lateinischen übersetzt heißt das eigentlich »Körperchen«. Auf das Korporale wird bei der Eucharistiefeier die Hostienschale gestellt. Beim Brotbrechen fallen kleine Krümel auf das kleine quadratische Tuch. Da sie genauso »Leib Christi« sind wie die großen Hostienteile, fallen diese »Körperchen« auf das Korporale und kommen beim Reinigen der Geräte mit in den Kelch, den der Priester dann austrinkt.

HOSTIENSCHALE

Hostien sind die Brotstücke (sie bestehen wirklich aus Mehl und Wasser), die in der Wandlung zum Leib Christi, dem Brot des Lebens, werden. Die Hostienschale ist das Gefäß, in dem viel von diesem Brot Platz findet und aus dem die Kommunion ausgeteilt wird. Oft ist es vergoldet.

ZIBORIUM

Das Ziborium (lat., auf Deutsch: Speisegefäß) wird von Nichtkennern oft mit dem Kelch verwechselt. Auch wenn es wie ein breiter Kelch aussieht: darin werden die geweihten Hostien im Tabernakel aufbewahrt. Es ist also ein Brotgefäß. Außerdem hat es einen Deckel zum Verschließen, den hat kein Kelch in der Kirche.

MONSTRANZ, LUNULA UND KUSTODIA

Monstrare (lat.) heißt *zeigen*. Die **Monstranz** ist ein kostbares, fast immer goldenes Gefäß für die geweihte Hostie. Sie wird darin den Gläubigen gezeigt. In der Mitte hat sie ein Fenster, dahinein kommt die Lunula.

Lunula heißt *kleiner Mond,* weil dieses Gefäß tatsächlich wie ein Mond aussieht. Das hat aber durchaus praktische Gründe, weil dahinein die große Hostie gestellt wird, die entweder in die Kustodia oder in die Monstranz kommt.

Viele wissen gar nicht, dass es die **Kustodia** gibt, oder denken, sie gehört irgendwie zur Monstranz. *Kustodia* (lat.) heißt *Wache*. In ihr ist Platz für eine große Hostie. Im Tabernakel ist immer eine Kustodia mit Hostie zu finden. Sie ist Zeichen dafür, dass Gott über uns wacht.

Die **Patene** gibt es nur in manchen Gemeinden. Sie ist eine flache Schale, auf die ein oder zwei große Hostien passen.

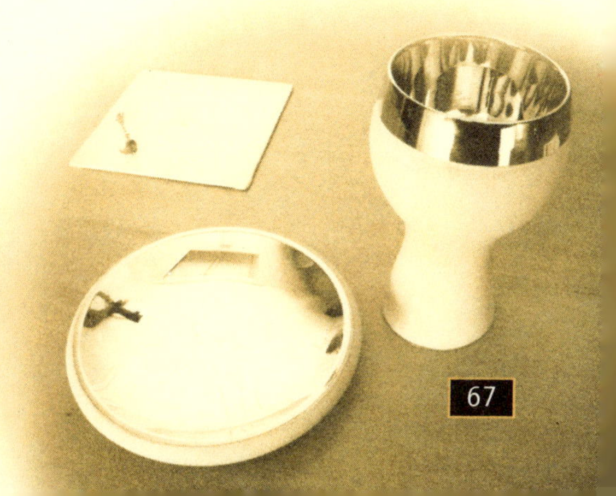

KELCH

Kelch ist ein Wort, das ausnahmsweise mal nicht aus dem Lateinischen, sondern aus dem Griechischen kommt. *Kalyx* ist das griechische Wort für *Becher*. Der Kelch ist ein kostbarer Becher, meist aus edlem Metall. Er ist für den Wein da, der in der Eucharistiefeier gewandelt und bei der Kommunion empfangen wird.

Das **Kelchtuch** wird nach der Kommunion gebraucht. Der Zelebrant wischt mit diesem länglichen Tuch den Kelch aus. **Palla** (lat.) heißt eigentlich *Theatervorhang*. Dieser Vorhang ist sehr nützlich, damit nichts in den Wein fallen und im Sommer auch keine Insekten hineinfliegen können. **Velum** (lat.) ist die »Hülle«, die den fertigen Kelch in einen festlichen Stoff hüllt, der in der Regel zur liturgischen Farbe des Tages passt. Die Reihenfolge beim Kelchherrichten: Kelchtuch, darauf die Palla, das Korporale und zum Schluss hüllt das Velum alles ein.

KÄNNCHEN

Darin sind Wasser und Wein, die bei der Gabenbereitung gemeinsam in den Kelch gegossen werden. Oft tragen sie kleine Zeichen, damit der Ministrant oder Priester sie nicht verwechselt. Das können Symbole für Wein und Wasser sein oder Buchstaben. Dann sind sie meist auf Latein: A steht für aqua (Wasser) und V für vino (Wein)

LAVABO UND LAVABOTUCH

Kanne und Schüssel zum Händewaschen sind das *Lavabo* (lat.). Ins Deutsche übersetzt heißt das *Ich wasche mich*. Das Lavabotuch ist das Handtuch zum Abtrocknen nach der Gabenbereitung und dem Händewaschen. Nicht überall gibt es das Lavabo – in manchen Gemeinden nimmt man das Wasserkännchen und gießt das Wasser auf das Tablett der Kännchen.

KERZEN

Die Kerzen sind Zeichen dafür, dass Christus das Licht der Welt ist. Du selbst hast wahrscheinlich eine Tauf- und eine Erstkommunionkerze.
Die wichtigste Kerze ist die große Osterkerze, die in der Osternacht geweiht und entzündet wird. Sie ist das Symbol für Christus, und viele andere Kerzen werden an ihr entzündet. So auch deine Tauf- und deine Kommunionkerze. Am Altar stehen Kerzen, die eigentlich genau dasselbe sagen wollen. Außerdem hatten sie in vielen Jahrhunderten ganz praktische Gründe: Schließlich wollten die Menschen auch in dunklen Kirchen etwas sehen. Und Kerzen verbreiten eine feierliche Stimmung, besonders wenn das elektrische Licht mal ausbleibt.

Feuer und Flamme – mal Dampf machen

WEIHRAUCH

Der Weihrauch wir aus dem Harz des Boswellia-Strauches (»Weihrauchbaum«) gemacht, der nur in wenigen Gegenden der Welt wächst (Somalia, Oman und Indien). Gemischt mit verschiedenen Zutaten können sehr unterschiedliche Düfte erzeugt werden. Im Weihrauch ist der Stoff THC enthalten, der gute Stimmung macht. Hierin liegt vielleicht die Bedeutung des Weihrauches. Weihrauch soll zu einer guten Stimmung im Gottesdienst beitragen, zu Gott aufsteigen – und dazu kommen wir gleich noch –, Störendes wegnehmen.

Heilige und nüchterne Gründe für den Weihrauch

Beginnen wir mit den heiligen. In vielen Religionen ist das Weihräuchern wichtig. Wie ein Gebet steigt der Weihrauch zum Himmel auf und verändert alle, die seinen Duft riechen. Schon am persischen Hof ließen sich die Herrscher »beweihräuchern«. Im römischen Reich standen vor den Tempeln glühende Kohlebecken, in die man beim Vorbeigehen schnell mal ein paar Weihrauchkörner werfen konnte. Als die Kaiser anfingen, diesen Brauch für ihre eigenen Bilder einzufordern, machten die Christen nicht mit. Sie wollten ihr Rauchopfer nur dem einen Gott darbringen. Dieser Konflikt führte zu den ersten Christenverfolgungen.

Ein viel nüchternerer Grund ist die Hygiene. Der starke Duft des Weihrauches überdeckt Gestank und schlechte Gerüche. In Tempeln wurden Tiere geschlachtet, und auch die Menschen wuschen und duschten damals nicht so oft wie wir heute.

Dem Weihrauch wurde zugetraut, dass er Krankheiten fernhält und desinfiziert. Die Gründe für Krankheiten waren nicht so gut erforscht, so wird der Duft die meisten Krankheitserreger ziemlich kalt gelassen haben.

Kein Zufall, dass das größte schwenkbare Weihrauchfass der Welt in dem spanischen Wallfahrtsort Santiago de Compostela hängt. Dorthin kommen seit dem Mittelalter Pilger, die Monate zu Fuss unterwegs waren. Viele konnten sich unterwegs nicht allzu häufig waschen. Da war der Weihrauch auch in dieser Hinsicht ein Segen.

Sorten

Es gibt leichte und schwere Düfte, blumenartige und geräucherte. Ein Riechtest, um herauszubekommen, welcher zu welchem Gottesdienst am besten passt, schärft ungemein die Sinne.

Weihrauchfass und Schiffchen

Das Schiffchen ist der Weihrauchbehälter mit einem kleinen Löffelchen, um den Weihrauch auf die glühende Kohle zu legen. Die steckt natürlich im Weihrauchfass. Für die Bedienung gibt es in jeder Gemeinde unterschiedliche Bräuche. Lass dir zeigen, wie es bei euch gemacht wird.

Es gibt ein paar Tricks, die überall funktionieren, wenn du nicht allzu oft putzen willst. Lass den Deckel immer ein wenig offen, sonst setzt sich zu viel Schmiere am Metall ab. Warte nicht zu lange, bis du die Kohle aus dem Weihrauchfass heraus nimmst, sonst hast du eine ziemlich verklebte Masse im Fass. Und passe auf: So ein Weihrauchfass kann innen und außen ganz schön heiß werden!

Kleine Weihrauchmeditation

Ein schönes Zeichen ist es, wenn alle Gottesdienstbesucher ein kleines Körnchen Weihrauch in die Hand bekommen.
Zu Fürbitten kann jeder Einzelne eingeladen werden nachzudenken, für welche Anliegen er gerne beten möchte. Für diese Anliegen wirft er das Weihrauchkorn auf die glühende Kohle.
Der Duft, der schnell das Kirchenschiff durchzieht, erreicht alle Nasen und verbindet sich mit den Körnern der anderen. Der Rauch steigt empor und soll diese Bitten, gemeinsam mit den Bitten der anderen Menschen, zu Gott tragen.

Besiegelt von Gott
Die sieben Sakramente

Das ist stark! Gott und Mensch halten fest zusammen!

Das Wort Sakrament kommt aus dem Lateinischen und bedeutet: Unverbrüchliche Besiegelung. Das heißt, wir können uns voll und ganz auf Christus verlassen! Und er traut uns auch zu, dass wir zu ihm halten! Christus wird auch das »Ur-Sakrament« genannt, weil Gott uns durch ihn seine Liebe zeigt.

Damit wir diese Liebe Gottes spüren und erleben können, feiern wir die Sakramente. Sieben davon gibt es in der katholischen Kirche: Taufe, Firmung, Buße, Kommunion, Krankensalbung, Ehe, Priesterweihe. Diese Sakramente begleiten uns durch das Leben bis zum Tod. Sie stehen oft an entscheidenden Kreuzungen unseres Lebensweges (Taufe, Firmung, Ehe, Priesterweihe, Krankensalbung) oder begleiten uns durch das Leben (Kommunion, Bußsakrament). In unserem Leben vertrauen wir darauf, dass Gott mit uns auf dem Weg ist und uns stärkt. Die Sakramente feiern wir als Begegnungen mit Gott. Und nirgendwo steht geschrieben, dass dieses Feiern mit Gott keine Freude machen soll.

Taufe und Firmung – mit Gott durchs Leben gehen

Kaum zu glauben, dass beides zusammengehört, aber es ist so! Die meisten Christen werden heute als kleine Kinder getauft, in einem Alter, in dem die Eltern sich für ihr Kind die Taufe wünschen. Das war nicht immer so. In der frühen Kirche wurden nur Erwachsene getauft. Erst später kam die Kindertaufe in Mode. So schön die Kindertaufe ist, die kleinen Täuflinge wissen gar nicht so recht, was da Entscheidendes mit ihnen bei der Taufe passiert.

Ganz anders kann sich da ein junger Mensch entscheiden, wenn er – meist an der Schwelle zum Erwachsenwerden – gefirmt wird. Hier kann und soll jeder selbst »Ja« zum Glauben sagen. Jetzt ganz bewusst. Deswegen darfst du dir bei der Firmung einen besonderen Namen aussuchen und einen Firmpaten erwählen. Zum einzigen Mal im Leben gibt sich ein Mensch selber einen Namen. Oft ist dies der Name einer beeindruckenden Person, deren Leben so war, wie man selbst leben möchte. Und ein Pate ist dazu da, den Lebensweg zu begleiten. Deswegen sollte dafür jemand ausgesucht werden, der auch etwas zu sagen hat und durch dick und dünn mitgeht.

Dass nach der Firmung gemeinsam gefeiert wird, versteht sich von selbst. Denn es gibt allen Grund zu feiern, wenn ein junger Mensch sich für Gott entscheidet und nachträglich Ja zu seiner Taufe sagt.

Kommunion –
das Geheimnis von Brot und Wein

Die Erstkommunion ist eines der schönsten Feste im Leben. Zum ersten Mal bekommen wir Brot und Wein als Leib und Blut Christi in der Gemeinde. Das ist so etwas Besonderes, dass es auch richtig gefeiert wird. Und die ganze Gemeinde kommt dazu! Kommunion (lat.) heißt Gemeinschaft. Gefeiert wird die Gemeinschaft, die Gott und Menschen miteinander erleben. Erstkommunion findet in den meisten Gemeinden am Weißen Sonntag statt. Werden große Kinder, Jugendliche oder Erwachsene getauft, haben sie am gleichen Tag mit der Taufe die Erstkommunion. Dabei ist jede Kommunion ein Sakrament, nicht nur die erste!
Brot und Wein gehören in Israel zu den Grundnahrungsmitteln. Die Gemeinschaft, zu der Gott uns einlädt, soll wie das tägliche Brot zu unserem Leben dazugehören.

Heilige Beichte – Vergebung und Befreiung

Beichten ist so etwas wie Zähneputzen für die Seele. Es wäre übertrieben zu sagen, dass es richtig Spaß macht, aber es gibt einen blöden Geschmack im Leben, wenn man es nicht pflegt. Dabei ist Beichten mehr, als dem Priester vorzusagen, was man Böses getan hat.

Zur Beichte kann auch gehören, das zu erzählen, was dir gefällt, wo du was Tolles hinbekommen hast. Und dann erst das, was dumm gelaufen ist oder überhaupt nicht gut war. Die Dinge, die du vielleicht an dir verändern möchtest. Das alles kannst du Gott sagen, weil er dich so akzeptiert, wie du bist. Der Beichtvater hat dabei eine wichtige Funktion: Er hilft dir, bei der Sache zu bleiben. Mit seiner Erfahrung kann er Tipps geben, wie du manches besser auf die Reihe bekommst. Am besten suchst du dir einen Priester als Beichtvater, von dem du dir was sagen lässt. Und zu dem du wiederkommen kannst – nicht nur, wenn du was ausgefressen hast. Ein Begleiter, der durch dick und dünn mit dir geht und gemeinsam mit dir vor Gott steht.

Krankensalbung – das Sakrament, das Mut macht

Jesus hat Kranke geheilt und auch seinen Jüngern gesagt, dass sie Kranke heilen und salben sollen. Wer krank ist, braucht zum einen Medizin und einen guten Arzt, aber mindestens genauso wichtig ist die Hilfe und der Zuspruch der Mitmenschen. Die Krankensalbung soll dem Kranken Mut machen, die Krankheit zu tragen und, wenn es geht, wieder gesund zu werden. Es gibt aber auch Krankheiten, die zum Tode führen. Dann ist die Krankensalbung Wegzehrung auf dem Weg zu Gott.

Ehe und Priesterweihe – zum Leben mit anderen berufen

Wenn Frau und Mann heiraten, versprechen sie sich für ein ganzes Leben die Treue. Als Zeichen dafür tauschen sie Ringe aus und geben sich nach dem feierlichen »Ja« am Traualtar einen Kuss. Sie versprechen auch, dass sie Kinder bekommen möchten, um diese dann im Glauben zu erziehen. Der Priester hat beim Ehesakrament nicht viel zu tun. Denn dieses Sakrament spenden sich die Eheleute vor Gott gegenseitig.

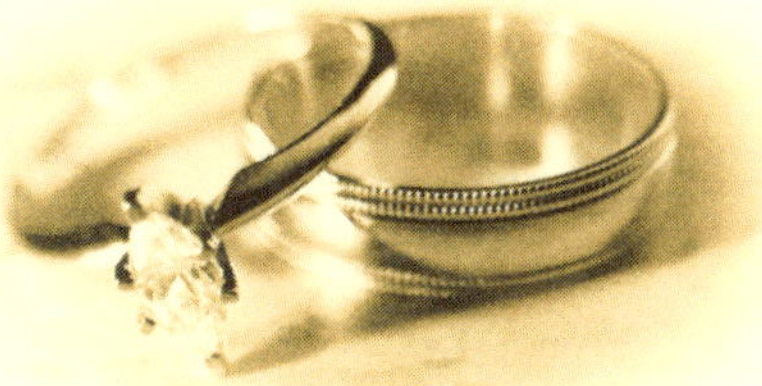

Priesterweihe

Viele Jahre müssen junge Männer Theologie studieren, bis sie der Bischof zu Priestern weiht. Da die Priester der römisch-katholischen Kirche nicht heiraten dürfen, ist es auch die Entscheidung zum ehelosen Leben. Priester dürfen alle Sakramente spenden, und viele werden in Gemeinden als Seelsorger arbeiten.

Ganz schön fromm

Beten mit Körper und Geist

Beten

www ist die Abkürzung für world wide web, was ja wirklich fast jeder weiß.
Das allererste weltweite »Netz« funktioniert seit Jahrtausenden ohne Elektronik und arbeitet bis heute. Der Knotenpunkt, an dem alle Informationen dabei zusammenlaufen, heißt Gott. An den Tastaturen kann jeder sitzen, der sich auf ihn einlässt. Dieses Netz ist nie überlastet, stürzt nicht ab und ist immun gegen Viren. Hinein kommt man ohne Codewort, Vertragsbedingungen und Tarif. Die vorhandenen Programme sind so vielfältig wie das Leben. Die Software dafür heißt Gebet, und jeder kann sie selbst entwickeln, also auch du!

Fragen

www ist auch die Abkürzung für wieso, weshalb, warum und alle anderen Fragen, die mit »w« beginnen. Das sind Fragen, die mit dem Leben, der Welt und Gott zu tun haben. Beten bringt nicht immer schnelle Antworten, aber ist Hilfe auf dem Weg zur Klarheit. Beten ist zeitlos, gleichzeitig alt und supermodern. Denn Gott ist immer da und lädt dich ein. Wenn du mit ihm sprichst oder schweigst, kannst du das »beten« nennen. Beten geht überall: in der Kirche, auf dem Fahrrad, zusammen mit anderen oder allein. Wer beten für langweilig hält, sollte sein Programm updaten.

Pater noster/Vaterunser – das bekannteste Gebet der Welt

»Herr, lehre uns beten«, baten die Jünger Jesus. Also lehrte Jesus die Jünger das »Vaterunser«, und wir beten es bis heute zu allen möglichen Gelegenheiten. Oft wird es routinemäßig »heruntergebetet«.
Dabei wird in dem Gebet alles gesagt, was für Gott, die Welt, unseren Nächsten und uns selber »lebensnotwendig« ist. Dass der Lift, der niemals stillsteht, nach dem »Vaterunser« ebenfalls »Paternoster« genannt wurde, macht deutlich, dieses Gebet trägt dich immer wieder und zu jeder Zeit zu Gott.

Hier das vollständige lateinische »Pater noster« (gleich mit der richtigen Betonung!):

Páter nóster,
qui es in cóelis,
sanctificétur nómen túum;
advéniat régnum túum.
Fíat volúntas túa sícut in cóelo et in térra.
Pánem nóstrum cotidiánum da nóbis hódie
et dimítte nóbis débita nóstra,
sícut et nos dimíttimus debitóribus nóstris,
et ne nos indúcas in tentatiónem;
sed líbera nos a málo.
Ámen.

Bewegung und Innehalten – Haltungen und Gesten

Es klingt komisch, aber Haltung hat sehr viel mit Geist zu tun. Auch im Gottesdienst ist zu sehen, ob wir aufmerksam, gelangweilt, gespannt oder müde sind. Die Frage – nicht nur für Ministranten – kann da schon lauten: Ist uns anzusehen, dass unser großes Gegenüber Gott durch dick und dünn mit uns geht? Oder sehen wir so aus, dass alle hoffen, der Gottesdienst ist bald vorbei?
Im Gottesdienst können wir stehend, sitzend, kniend und gehend deutlich zeigen, was für ein großartiges Verhältnis Gott zu uns hat. Dabei sollen wir nicht irgendwem gefallen, sondern Gott.

Stehen
In alten Zeiten war es durchaus üblich, sich vor seinem Gott in den Staub zu werfen und klein zu machen. Die Juden und später die Christen haben das nie mitgemacht. Gott gegenüber zu stehen heißt, »Ja« dazu zu sagen, sein Ebenbild zu sein. Ebenbild heißt auch, mitmachen zu dürfen, unsere Welt besser, gerechter und friedlicher zu gestalten. Die Fähigkeit dazu hat Gott uns geschenkt, was wir daraus machen, liegt an uns. Deswegen dürfen wir als »Mitarbeiter« Gott gegenüberstehen. Im Gottesdienst

stehen wir meist dort, wo die Gemeinde und ich zu Gott reden, ihn um Verständnis und Vergebung für unsere Schuld anrufen, sein Wort im Evangelium hören, Fürbitten aussprechen und ihn um den Segen bitten.

Sitzen

Wer sitzt, hat Zeit, aufmerksam zu sein, sich auf eine Sache besonders zu konzentrieren und gut zuzuhören. Die längste Zeit im Gottesdienst wird bei der Predigt gesessen. Natürlich kann es im Sitzen auch passieren, dass die Gedanken sonstwohin gehen. Manchmal kommen da aber auch gute Ideen. Sitzen ist keine Zeit zum Abschalten, sondern zum »Voll da sein«.

Knien

Knien ist für uns heute die ungewohnteste Haltung. In unserer Beziehung zu Gott soll sie Dank und Verehrung ausdrücken. Es ist ein Unterschied, ob uns jemand klein macht, oder ob wir uns klein machen. Gott ist niemand, der uns in die Knie zwingen will. Im Gegenteil, er will uns seine Freiheit geben. Diese Freiheit ist ein Geschenk, und dafür kann ich dankbar beten: »Gott, vor deiner Größe muss ich auch mal staunend und dankend auf die Knie fallen. Denn ich weiß, auch du hast dich klein gemacht, als du für uns auf die Welt kamst.«

Im Gottesdienst knien wir in der Eucharistiefeier. Weil sich Gott uns hier in Brot und Wein schenkt und wir darüber immer wieder staunen dürfen.

Gehen

Gott geht mit uns auf dem Weg durch das Leben. Und das Leben wird im Gottesdienst zwar besonders gefeiert, aber es findet immer und überall statt. Wenn wir im Gottesdienst gehen, zeigen wir auch: Gott läuft mit, wir dürfen zu ihm kommen und seine Liebe in die Welt bringen. Unser Glauben soll die Welt bewegen, da ist das Gehen genauso wichtig wie Stehen, Sitzen und Knien, auch wenn es vielleicht nicht ganz so fromm aussieht.

Gesten

Natürlich haben auch Gesten mit Haltung zu tun. Sie sind kurz und zeigen etwas ganz Bestimmtes.

Weihwasser und Kniebeuge

Wenn ich einen Freund treffe und er geht grußlos vorbei, scheint irgendetwas zwischen uns nicht zu stimmen. Wenn ich in eine Kirche komme, ist das Kreuzzeichen mit Weihwasser und eine Kniebeuge eine schöne Form, zu Gott »Hallo« zu sagen. Der Griff ins Weihwasserbecken soll mich an meine Taufe erinnern. Klar, ich bin ja Kind Gottes, des Vaters, des Sohnes und des Heiligen Geistes. Die Kniebeuge drückt aus: Ich bin da und bereit, mit dir durchs Leben zu gehen. Und hier in der Kirche denke ich dran: Du bist für mich da.

Kreuzzeichen
»Im Namen des Vaters und des Sohnes und des Heiligen Geistes.« Da steckt eine Menge drin. Das Kreuzzeichen erinnert an das Kreuz, an unseren Lebensweg, den Weg zu Gott und in die Tiefe. Es umfasst Kopf, Herz und unsere Schultern. Ein kleines Gebet beim Kreuzzeichen kann sein: Schenke mir den Verstand, dich zu finden. Öffne mein Herz, dass ich meinen Nächsten und deine Schöpfung lieben kann, und gib mir starke Schultern, Dinge zu verändern oder auszuhalten, die das Leben mir aufbürdet.

Händefalten
So komisch es klingt, das Händefalten hilft mir, ruhig zu werden und mich zu sammeln. Sammlung ist nicht einmal etwas besonders Frommes. Auch Sportler sammeln sich vor einem Wettkampf. Es heißt, dass ich meine Sinne versuche zusammenzubekommen. So finde ich mich selbst in diesen Momenten und kann auch besser und sensibler Gott hören und ihn spüren.

Händereichen, Umarmung, Friedensgruß
Sich den Frieden zu wünschen, ist etwas sehr Schönes. Denn Frieden meint mehr, als sich nicht zu streiten. Außerdem ist es einer der – leider – wenigen Momente, wo ich im Gottesdienst wirklich etwas von meinem Banknachbarn mitbekomme. Sich da die Hand zu reichen oder sich zu umarmen, ist ein starkes Zeichen.

Segnen

Das kann jeder

Wenn die Mutter ihrem Kind am Abend ein Kreuz auf die Stirn macht, segnet sie. Wenn der Priester am Ende des Gottesdienstes den Segen spricht, segnet er. Oft segnen sich Menschen gegenseitig. Du musst also nicht Pfarrer sein, um zu segnen.
Ein Segen drückt aus: Ich wünsche dir, dass es Gott gut mit dir meint, dass er bei dir ist, dich schützt und dir Kraft gibt. Wenn wir zu Gott beten, hoffen wir, dass er bei uns ist. Wenn wir segnen, hoffen wir, dass Gott auch bei dem ist, den wir segnen.
»Ihr sollt ein Segen sein«, heißt es in der Bibel. Wenn wir zum Segen werden, bedeutet das, dass Gott auch durch unser Tun in der Welt wirkt; dass wir die Kraft haben, diese Welt besser zu machen, als sie ist. Dafür können wir Gottes Segen gut gebrauchen und selbst zu Mutmachern für andere werden.

Gott segne dich
und er lasse dich
neugierig bleiben.
Er hat etwas mit dir vor,
zu jeder Zeit
und an jedem Tag.

Gott segne dich
und er lasse dich
besser sehen und hören,
damit du den Weg findest,
der dich zu ihm führt.

Gott segne dich
und deine Freunde
und Feinde,
denn niemals bist du
allein unterwegs.

Gott segne den Weg,
auf dem du gehst.
Und selbst, wenn du stolperst,
gebe er dir den Mut
weiterzugehen.

Fotonachweis:

Nicola Cateni/Mailand: S. 6, 22, 36, 38, 45, 54
Andreas Martin/Dresden : S. 10, 25, 41, 43, 56, 57, 58, 59, 60, 61, 64, 65, 66, 67, 69, 74
Constantin Beyer/Weimar: S. 11
KNA-Bild/Bonn: S. 14, 24, 50
Michael Baudisch/Dresden: S. 15
Johannes Latzel/Dresden: S. 26, 43, 46, 49, 53
Rafael Ledschbor/Ralbitz: S. 29, 32, 35, 44, 45, 96
Guido Erbrich/Bautzen: S. 33, 39, 40, 42, 44, 63, 68, 75, 88
Elisabeth Meuser/Dresden: S. 71
Sylvia Krafzyk/Berlin: S. 78

Wir haben uns bemüht alle Inhaber von Rechten in Erfahrung zu bringen. Für zusätzliche Hinweise sind wir dankbar.